WØ191196

LIEBE LESERINNEN UND LESER,

IM TIERREICH GIBT ES VIELE VERSCHIEDENE BABYS, ELTERN UND FAMILIEN.

EINIGE DAVON STELLE ICH IHNEN IN DIESEM BUCH VOR!

MANCHE TIERKINDER LEBEN SEHR LANGE BEI IHREN FAMILIEN; ANDERE MÜSSEN RASEND SCHNELL ERWACHSEN WERDEN.

ALLE TIERE MÖCHTEN, GENAU WIE WIR, DASS IHR NACHWUCHS GESUND UND STARK HERANWÄCHST.

ICH HOFFE, SIE HABEN SPAß AN DIESEM BUCH, LERNEN ETWAS NEUES UND WERDEN DARAN ERINNERT, VON WELCH ERSTAUNLICHER VIELFALT DAS TIERREICH IST.

JEDER **DELFIN**
HAT SEINEN GANZ
BESONDEREN LAUT. GENAU WIE
WIR NAMEN HABEN!

EIN TRÄCHTIGES DELFINWEIBCHEN
SINGT IHREM KIND ETWAS VOR,
SOLANGE ES IN IHREM BAUCH IST,
DAMIT ES NACH DER GEBURT IHRE
STIMME WIEDERERKENNT.

FLEDERMÄUSE
BRINGEN IHRE KINDER OFT
KOPFÜBER HÄNGEND
ZUR WELT.

DANN DIENT DIE NABELSCHNUR
ALS RETTUNGSLEINE, AN DER DAS
JUNGE HOCH ZU SEINER MUTTER
KLETTERN KANN, FALLS ES IHR
NICHT GELUNGEN IST, ES MIT DEN
FLÜGELN AUFZUFANGEN.

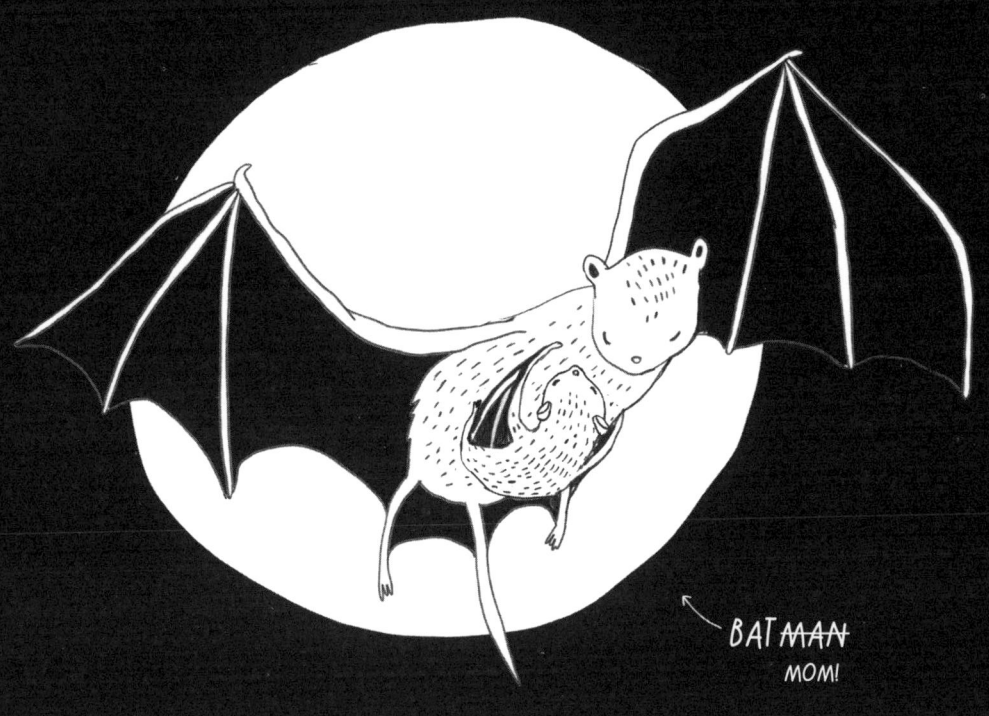

BAT MAN
MOM!

WENN EINE
FLEDERMAUSMUTTER IHR
JUNGES TRANSPORTIEREN
MUSS, DARF ES SICH IM
FLUG AN IHREN BAUCH
KLAMMERN.

PLUMPLORI-
ELTERN SCHÜTZEN IHREN
NACHWUCHS VOR
RAUBTIEREN, INDEM SIE
IHN MIT EINEM GIFT
EINREIBEN, DAS IN EINER
DRÜSE AN IHREN
ARMEN PRODUZIERT
WIRD!

EIER

BEI DER PAARUNG DER
BANGGAI-
KARDINALBARSCHE
ÜBERGIBT DAS WEIBCHEN DIE EIER
DEM MÄNNCHEN IN DEN MUND.

ES BRÜTET SIE BEHUTSAM
AUS, BIS DIE JUNGEN
UNGEFÄHR EINEN MONAT
SPÄTER SCHLÜPFEN.

WÄHREND DIESER
GANZEN ZEIT FRISST
DER WERDENDE
VATER NICHTS!

ABER DAS
WEIBCHEN BLEIBT
IN DER NÄHE UND
← KÜMMERT SICH
UM IHN.

DIE JUNGFISCHE BLEIBEN NACH
DEM SCHLÜPFEN NOCH EIN
PAAR TAGE IN SEINEM MAUL,
BIS ES AN DER ZEIT IST, DAS
ZUHAUSE ZU VERLASSEN.

EICHHÖRNCHEN HABEN,
WENN SIE KLEIN SIND,
MILCHZÄHNE, GENAU WIE
MENSCHENKINDER.

(DAS GILT ÜBRIGENS FÜR FAST ALLE SÄUGETIERE!)

SEEOTTER

KÖNNEN BEI IHRER GEBURT
NICHT SCHWIMMEN,
DESWEGEN VERBRINGEN SIE
DIE ERSTEN LEBENSMONATE
IM WASSER AUF DEM BAUCH
DER MUTTER.

ABER DIE MUTTER
KANN DAS BESONDERS
DICKE GEBURTSFELL DES
JUNGTIERS SO **FLAUSCHIG**
STRIEGELN, DASS ES EIN
PAAR MINUTEN AUF DEM
WASSER TREIBT, WÄHREND
SIE HINUNTERTAUCHT, UM
NAHRUNG ZU HOLEN.

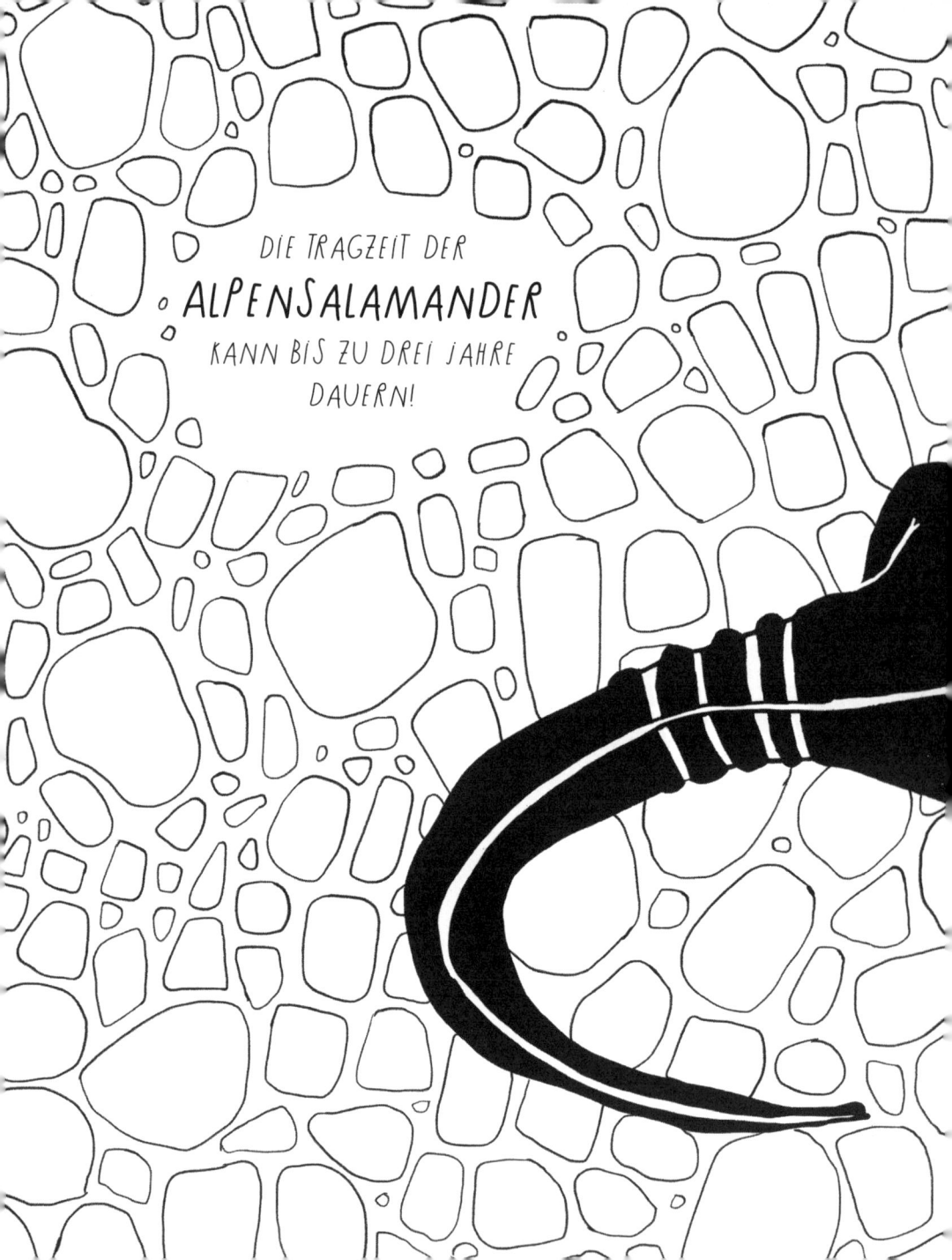

DIE TRAGZEIT DER
ALPENSALAMANDER
KANN BIS ZU DREI JAHRE
DAUERN!

MANCHE HAIE LEGEN
EIER, ABER DER

SANDTIGERHAI

BRINGT LEBENDE JUNGE
ZUR WELT.

(ALLERDINGS IMMER
NUR ZWEI JUNGE AUF
EINMAL.)

HÖRT AUF
ZU STREITEN,
KINDER!

ALLES KLAR,
MAMA.

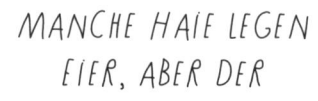

DIE BRÜDER UND
SCHWESTER FRESSEN
SICH IM BAUCH
GEGENSEITIG AUF ...

BIS NUR NOCH DIE
ODER DER STÄRKSTE
ÜBRIG IST.

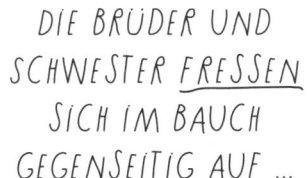

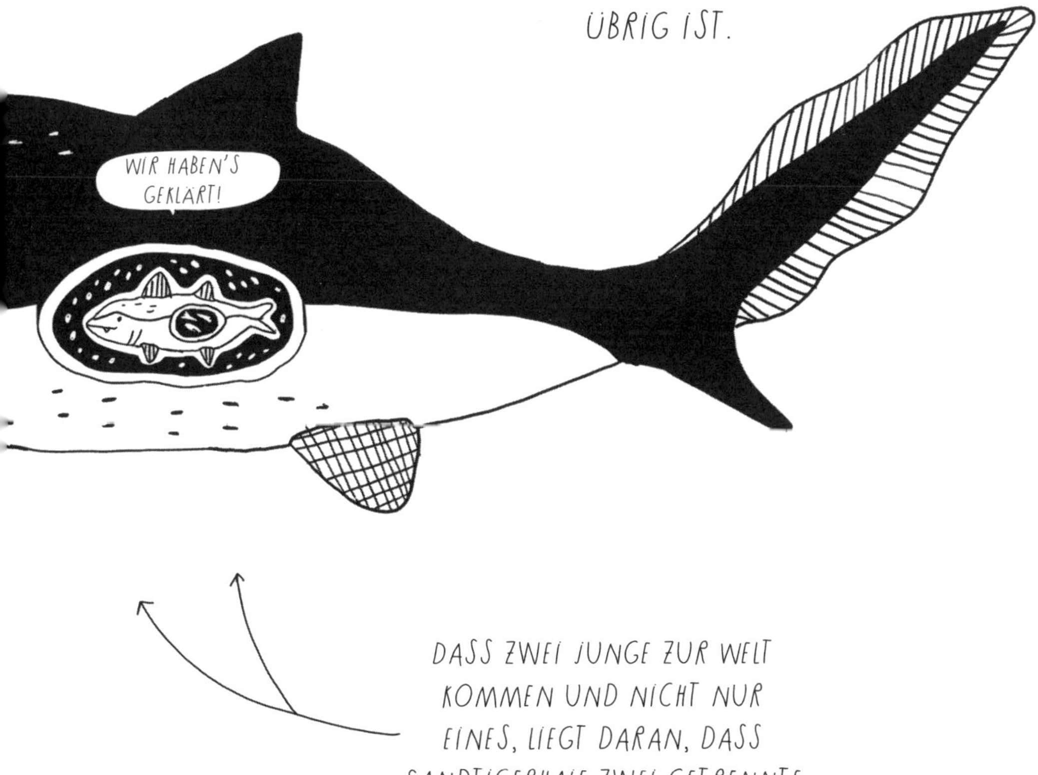

WIR HABEN'S
GEKLÄRT!

DASS ZWEI JUNGE ZUR WELT
KOMMEN UND NICHT NUR
EINES, LIEGT DARAN, DASS
SANDTIGERHAIE ZWEI GETRENNTE
GEBÄRMUTTERSÄCKE BESITZEN.

KAMELFOHLEN
KOMMEN OHNE
HÖCKER ZUR WELT.

KEIN
HÖCKER

NASENAFFENBABYS ...

... SEHEN SO
AUS.

BEI DEN TASMANISCHEN TEUFELN

KANN EIN WURF 20 BIS 30 JUNGE GROß SEIN. ABER
NUR DIE ERSTEN VIER, DIE AN DIE MILCHDRÜSEN DER
MUTTER GELANGEN, ÜBERLEBEN. DIE ANDEREN STERBEN
INNERHALB WENIGER MINUTEN.

VIER IST
AUCH NICHT
WENIG ...

ABER DAS IST NICHT SO GRAUSAM, WIE ES
KLINGT. TASMANISCHE TEUFEL SIND BEUTELTIERE.
WENN DIE JUNGEN »GEBOREN« WERDEN, SIND
SIE SO GROß (KLEIN) WIE EIN REISKORN. SIE
ENTWICKELN SICH IM BEUTEL DER MUTTER NOCH
MEHRERE MONATE WEITER, BIS SIE SO WEIT SIND,
IN DIE WELT HINAUSZUZIEHEN.

WIE KANGURUS
UND KOALAS

DIE EIER VON
FALKENKÄUZEN
SIND RICHTIG RUND!

GANZ
RUNDES
EI

UND IHRE
KÜKEN SIND
AUCH ZIEMLICH
RUND.

NILKROKODILE

VERGRABEN IHRE EIER OFT IN
SANDDÜNEN UND BEWACHEN SIE
DORT, BIS DIE JUNGEN SCHLÜPFEN.

(FÜR UNGEFÄHR
DREI MONATE)

DIE UMGEBUNGSTEMPERATUR DER
EIER BESTIMMT, WELCHES GESCHLECHT
DIE JUNGEN HABEN WERDEN.

WARM -----> MÄDCHEN
MITTEL -----> JUNGEN
KALT -----> MÄDCHEN

DIE KROKODILBABYS GEBEN IM INNERN
DER EIER LAUTE VON SICH, UM IHREN
ELTERN ZU SIGNALISIEREN, DASS SIE
SIE JETZT AUSGRABEN SOLLEN, DAMIT
SIE SCHLÜPFEN KÖNNEN!

MANCHMAL HELFEN
DIE ELTERN IHREN
SCHLÜPFLINGEN SOGAR
BEIM RAUSKOMMEN,
INDEM SIE DIE EIER
BEHUTSAM IM MAUL
ZERDRÜCKEN.

WENN DIE ZEIT ZUM NISTEN KOMMT,
SUCHEN DIE PAARE DES

SÜDLICHEN
GELBSCHNABELTOKOS

EIN LOCH IN EINEM BAUM UND
BEREITEN ES ZUSAMMEN VOR.

WENN ALLES FERTIG IST, SCHLÜPFT DAS
WEIBCHEN HINEIN UND VERSCHLIEßT
DEN EINGANG MIT IHREM FÄZES. ←— VORNEHMES WORT
FÜR »KACKA«

DANN LEGT SIE IHRE EIER UND VERLIERT
DEN GRÖßTEN TEIL IHRER FEDERN.

DAS MÄNNCHEN MUSS SIE DANN
DURCH EINE KLEINE ÖFFNUNG IN DER
(KACKA-)MAUER FÜTTERN.

DREI WOCHEN NACH DEM SCHLÜPFEN
DER KÜKEN SIND DER MUTTER NEUE
FEDERN GEWACHSEN, UND SIE BRICHT
AUS DEM NEST AUS.

DIE KÜKEN BAUEN DIE MAUER WIEDER
AUF UND BLEIBEN NOCH SECHS
WOCHEN IM NEST, BIS ES FÜR SIE
AN DER ZEIT IST, DAS ZUHAUSE ZU
VERLASSEN!

NILPFERDE
HALTEN SICH HAUPTSÄCHLICH
IN FLÜSSEN UND SEEN AUF.
SIE BRINGEN SOGAR IHREN
NACHWUCHS IM WASSER
ZUR WELT!

IHRE JUNGEN
KÖNNEN UNTER
WASSER SÄUGEN.

OBWOHL SIE DAS WASSER LIEBEN, SIND NILPFERDE KEINE BESONDERS GUTEN SCHWIMMER.

WENN DAS WASSER FÜR DIE JUNGEN ZU TIEF IST, KLETTERN SIE AUF DEN RÜCKEN DER ELTERN, UM SICH AUSZURUHEN!

EINSIEDLERKREBSE

HABEN WEICHE, VERLETZLICHE KÖRPER. DESWEGEN MÜSSEN SIE SICH, WÄHREND SIE WACHSEN, IMMER WIEDER NEUE (VON ANDEREN ABGELEGTE) GEHÄUSE SUCHEN, UM DORT EINZUZIEHEN.

SIE BEVORZUGEN ALTE SCHNECKENHÄUSER, ABER WENN SIE KEINE SOLCHEN FINDEN, ZIEHEN SIE IN ALLES EIN, WAS EINE GEEIGNETE FORM HAT, ETWA EIN STÜCK HOLZ ODER EIN GESTEIN.

WEICHER, VERLETZLICHER KÖRPER

WENN EIN EINSIEDLERKREBS EIN
LEERES GEHÄUSE FINDET, DAS
IHM ZU GROSS IST, HOCKT ER SICH
DANEBEN UND WARTET, BIS EIN
GRÖSSERER FREUND VORBEIKOMMT.

MANCHMAL VERSAMMELN
SICH VIELE KREBSE, BIS
EINER KOMMT, DER IN
DAS NEUE GEHÄUSE
PASST. DANN REIHEN SIE
SICH DER GRÖSSE NACH
AUF UND TAUSCHEN DIE
GEHÄUSE, BIS ALLE EIN
NEUES HABEN!

WILDSCHWEINE LAUFEN OFT IN EINER REIHE HINTEREINANDER HER.

UND SO SEHEN
IHRE BABYS AUS!
(UNGEFÄHR.)

EIN HONIGBIENENVOLK BESTEHT AUS:

EINER KÖNIGIN

AUS BEFRUCHTETEN EIERN WERDEN:

AUS UNBEFRUCHTETEN EIERN WERDEN:

DROHNEN (JUNGS)

ARBEITERINNEN (MÄDELS)

KEIN STACHEL

STACHEL

NUR WEIBLICHE BIENEN KÖNNEN STECHEN;

MÄNNLICHE BIENEN HABEN KEINEN STACHEL!

ARBEITERINNEN HABEN JE NACH ALTER VERSCHIEDENE AUFGABEN. ETWA SO:

FRISCH GE-SCHLÜPFTE BIENE

KINDERARBEIT

WAS IST MIT MEINER RENTE?

SAUBERMACHEN UND BEWACHEN

LARVEN FÜTTERN

WABEN BAUEN

NEKTAR SAMMELN

ARBEITERINNEN, DIE IM SOMMER ZUR WELT KOMMEN, LEBEN NUR WENIGE WOCHEN.

WÄHREND DIE KÖNIGIN BIS ZU FÜNF JAHRE ALT WERDEN KANN!

UM EINE NEUE KÖNIGIN
HERANZUZIEHEN, WIRD
EIN BEFRUCHTETES EI
IN EINE BESONDERS
GROßE ZELLE, EINE
SOGENANNTE
WEISELZELLE,
GELEGT.

SO SIEHT
EINE ECHTE
PRINZESSIN
AUS!

DANN WIRD
DIE LARVE
AUSSCHLIEßLICH
MIT SEHR
NAHRHAFTEM
»GELÉE ROYALE«
GEFÜTTERT.
(WÄHREND
NORMALE LARVEN
HAUPTSÄCHLICH
POLLEN UND HONIG ZU
FRESSEN KRIEGEN.)

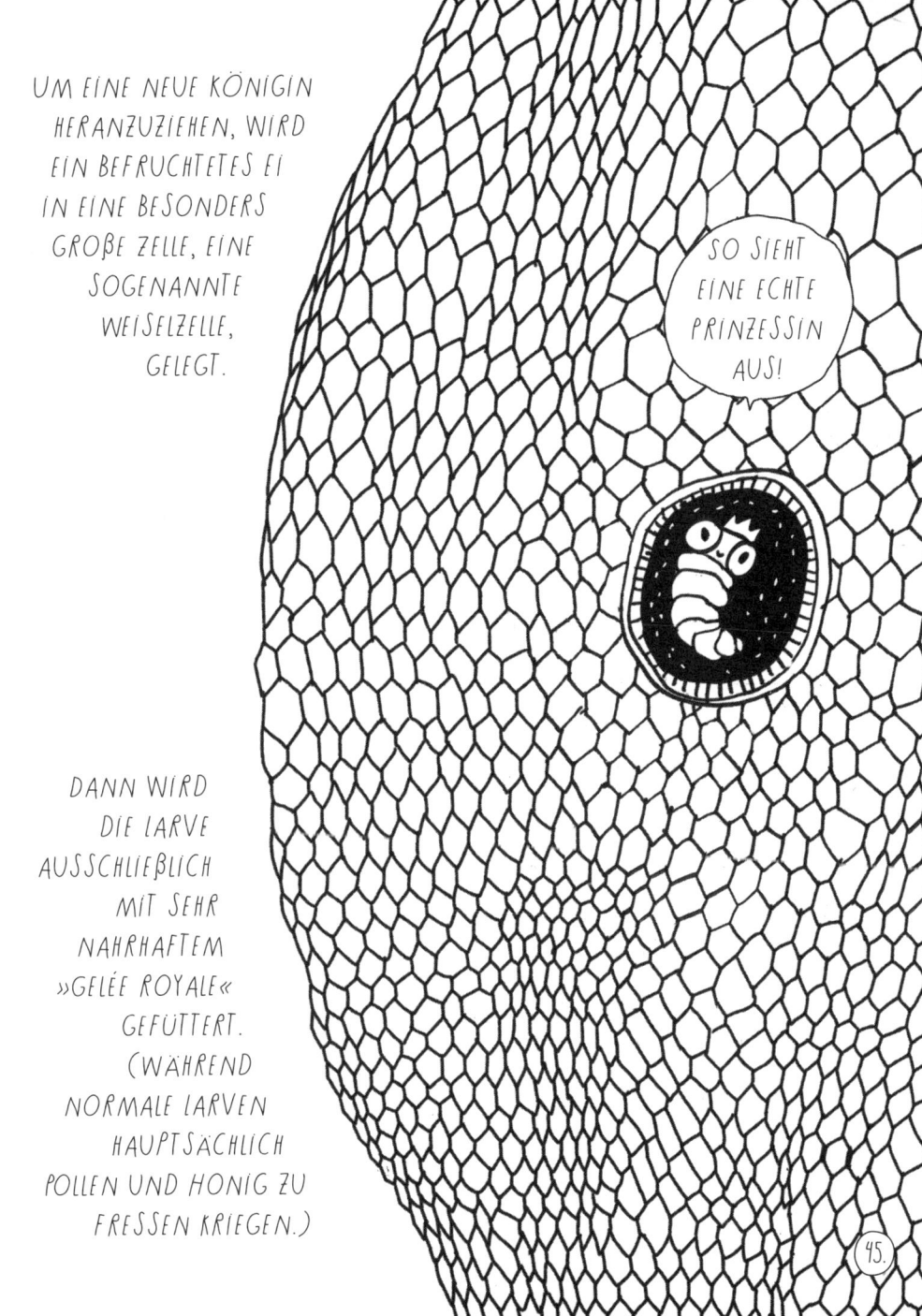

KAISERPINGUINE

VERSAMMELN SICH IM ARKTISCHEN WINTER ZU
TAUSENDEN UND HELFEN SICH GEGENSEITIG BEI
DER AUFZUCHT DES NACHWUCHSES.

PINGUINELTERN HABEN EINE ART TASCHE (BAUCHFALTE)
ÜBER DEN FLOSSEN, IN DIE IHRE KÜKEN KRIECHEN
KÖNNEN, UM SICH VOR DER KÄLTE ZU VERSTECKEN.

AUCH DIE KÜKEN WÄRMEN SICH
GEGENSEITIG, INDEM SIE SICH
IN GROßEN GRUPPEN DICHT
ANEINANDERDRÄNGEN.

KUSCHELHAUFEN
(CRÈCHE)

IN DER CRÈCHE MÜSSEN DIE
JUNGVÖGEL UNABLÄSSIG VON
INNEN NACH AUßEN WECHSELN,
SONST WIRD ES DEN KÜKEN IN DER
MITTE ZU WARM!

ELEFANTEN SCHWESTERN BLEIBEN OFT IHR GANZES LEBEN LANG ZUSAMMEN UND KÜMMERN SICH GEMEINSAM UM IHRE KINDER (UND ENKELKINDER)!

STATT SICH AN DEN HÄNDEN ZU FASSEN, HALTEN ELEFANTEN EINANDER (MIT DEM RÜSSEL) AM SCHWANZ FEST.

WENN EIN ELEFANTENKIND ZUR
WELT KOMMT, VERSAMMELT
SICH DIE HERDE UND FEIERT
MIT TROMPETENSTÖßEN!

BIS SIE DEN UMGANG
MIT DEM RÜSSEL RICHTIG
GELERNT HABEN, LEGEN
ELEFANTENJUNGE SICH SO HIN,
UM WASSER ZU TRINKEN!

49.

DER **MONDFISCH** LEGT MEHRERE HUNDERT MILLIONEN EIER AUF EINMAL.

HAB ICH'S SCHON WIEDER ÜBERTRIEBEN?

EIN MONDFISCH KANN BIS ZU VIER METER GROß WERDEN, ABER DIE FRISCH GESCHLÜPFTEN LARVEN SIND WINZIG UND TRANSPARENT.

MONDFISCHLARVEN

TATSÄCHLICHE GRÖßE

KUCKUCKE

ZIEHEN IHREN NACHWUCHS NICHT
SELBST AUF. DAS KUCKUCKSWEIBCHEN
LEGT IHRE EIER STATTDESSEN IN DIE
NESTER ANDERER VÖGEL.

KUCKUCKSEIER SIND SO ANGEPASST,
DASS DIE KUCKUCKSKÜKEN MEIST VOR
DEN ANDEREN VÖGELN SCHLÜPFEN.
. SOBALD EIN JUNGER KUCKUCK
GESCHLÜPFT IST, WIRFT ER DIE
ANDEREN EIER AUS DEM NEST, DAMIT
ER DER EINZIGE NESTLING IST.

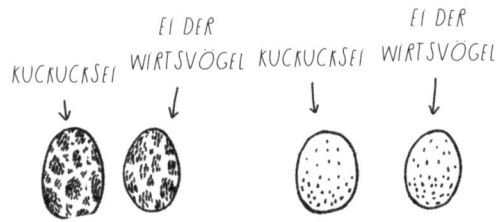

KUCKUCKSEI EI DER WIRTSVÖGEL KUCKUCKSEI EI DER WIRTSVÖGEL

DAS KUCKUCKSEI SIEHT
GENAUSO AUS WIE DIE
EIER DER UNFREIWILLIGEN
ADOPTIVELTERN.

BEI DEN
SEEPFERDCHEN
TRÄGT DER VATER DEN
NACHWUCHS AUS.

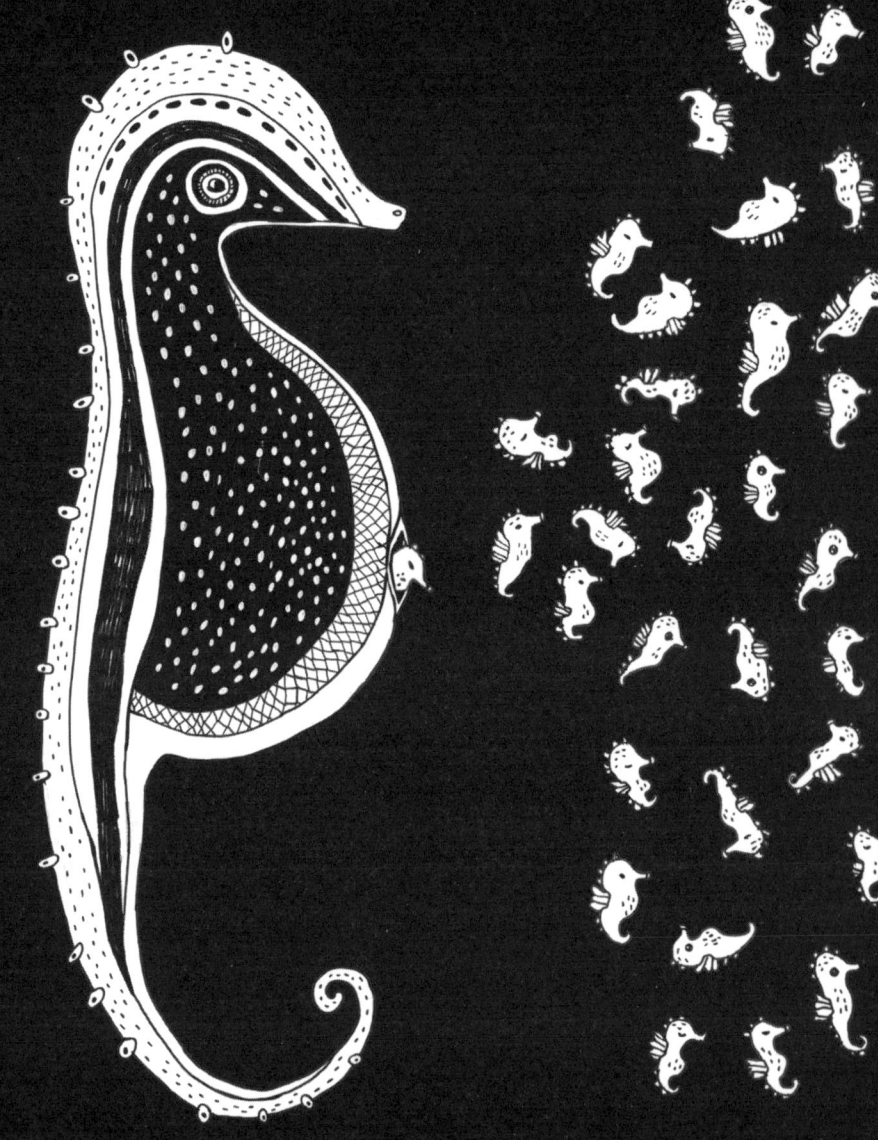

DIE BABYS KOMMEN
NACHTS ZUR WELT ...

... TAUSENDE
AUF EINMAL ...

... UND AB DEM
AUGENBLICK, DA SIE
DEN BAUCH IHRES
VATERS VERLASSEN,
SIND SIE AUF SICH
GESTELLT.

BEVOR EIN

KOALABABY

EUKALYPTUSBLÄTTER
FRESSEN KANN,
DIE SEHR SCHWER
VERDAULICH SIND,
MUSS DAS BABY DEN

DAS EINZIGE,
WOVON
ERWACHSENE
KOALAS SICH
ERNÄHREN ....

KOT

DER MUTTER
FRESSEN, UM
DIE RICHTIGEN
DARMBAKTERIEN
AUFZUNEHMEN.

EINIGE STACHELROCHEN

GEBÄREN LEBENDE JUNGE.
(SIE BEHALTEN DIE EIER <u>IM</u> KÖRPER,
BIS DIE JUNGEN GESCHLÜPFT SIND!)

NEUGEBORENE STACHELROCHEN
SEHEN AUS WIE KLEINERE
VERSIONEN IHRER ELTERN UND
KÖNNEN ALLES, WAS DIESE
KÖNNEN. SIE HABEN FÜR DIE
SELBSTVERTEIDIGUNG SOGAR
SCHON GIFT IM SCHWANZ.

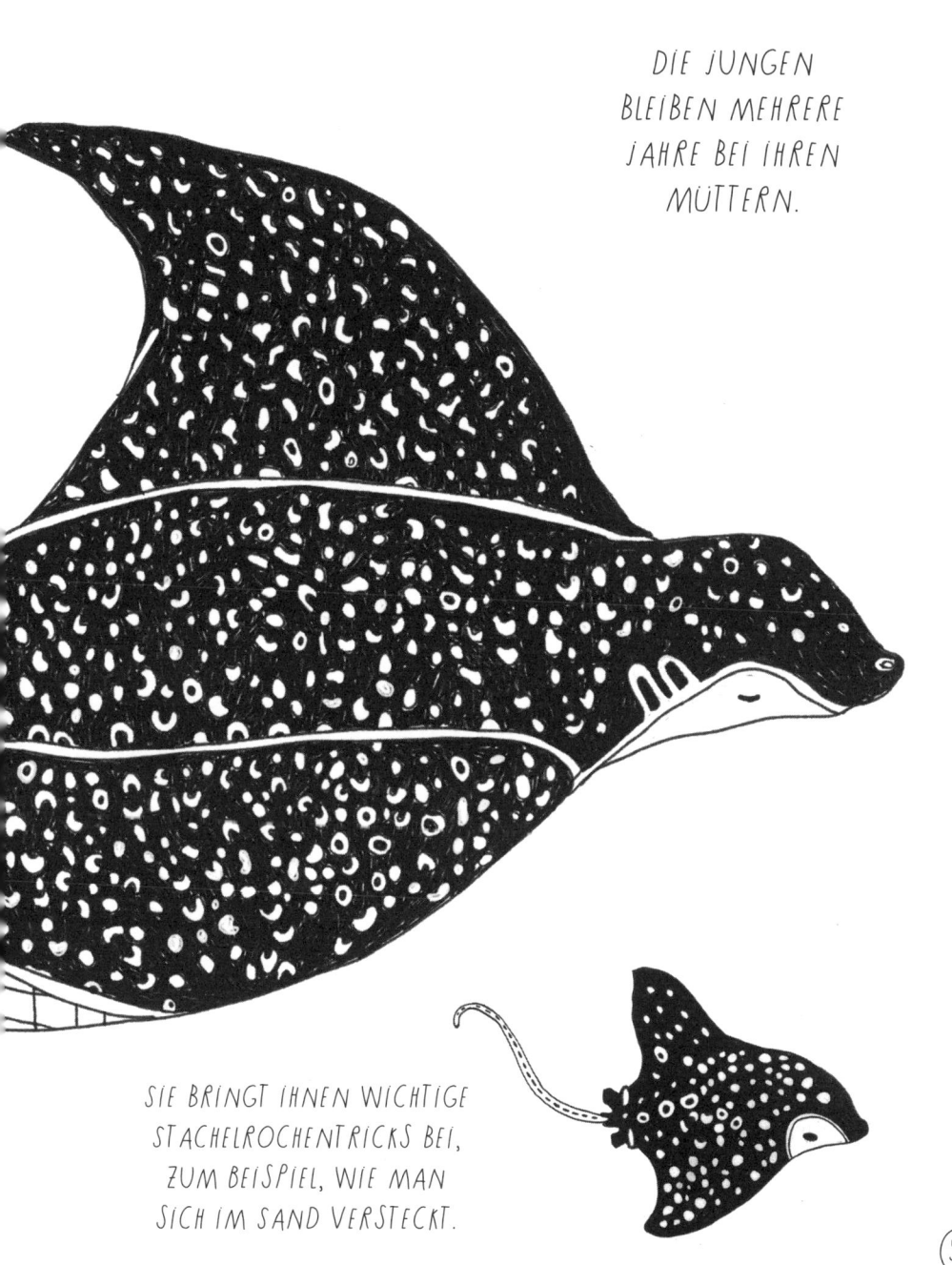

DIE JUNGEN
BLEIBEN MEHRERE
JAHRE BEI IHREN
MÜTTERN.

SIE BRINGT IHNEN WICHTIGE
STACHELROCHENTRICKS BEI,
ZUM BEISPIEL, WIE MAN
SICH IM SAND VERSTECKT.

BEIM *HAMMERHUHN*
(ODER MALEO) SITZEN DIE ELTERN
NICHT AUF DEN EIERN, UM SIE
AUSZUBRÜTEN. SIE VERBUDDELN
VIELMEHR JEDES EINZELNE EI
BEHUTSAM IM SAND. DIE KÜKEN
MÜSSEN, SOBALD SIE SCHLÜPFEN,
ALLEIN ZURECHTKOMMEN.

WIR
HABEN
UNSEREN
TEIL
GETAN!

HAMMERHÜHNER SIND
UNGEFÄHR SO GROß WIE UNSERE
HAUSHÜHNER, ABER IHRE EIER SIND
VIEL GRÖßER ALS HÜHNEREIER.

HAMMERHUHNEI

HÜHNEREI

DIE KÜKEN
KÖNNEN VOM
ERSTEN TAG AN
FLIEGEN.

MIT DEN FÜßEN
BRECHEN SIE DIE
EIERSCHALE AUF.

DANN MÜSSEN SIE SICH AN
DIE ERDOBERFLÄCHE GRABEN.

DAS KANN
BIS ZU
ZWEI TAGE
DAUERN!

KOMODOWARANE

VERBRINGEN DIE ERSTEN JAHRE
IHRES LEBENS AUF BÄUMEN, UM
SICH VOR DEN ERWACHSENEN
KOMODOWARANEN ZU
SCHÜTZEN, DIE SIE SONST
FRESSEN WÜRDEN!

(KOMODOWARANE
LEGEN IHRE EIER GERN
IN ALTE NESTER VON
HAMMERHÜHNERN!)

SO VERLÄUFT DIE KINDHEIT EINES MARIENKÄFERS:

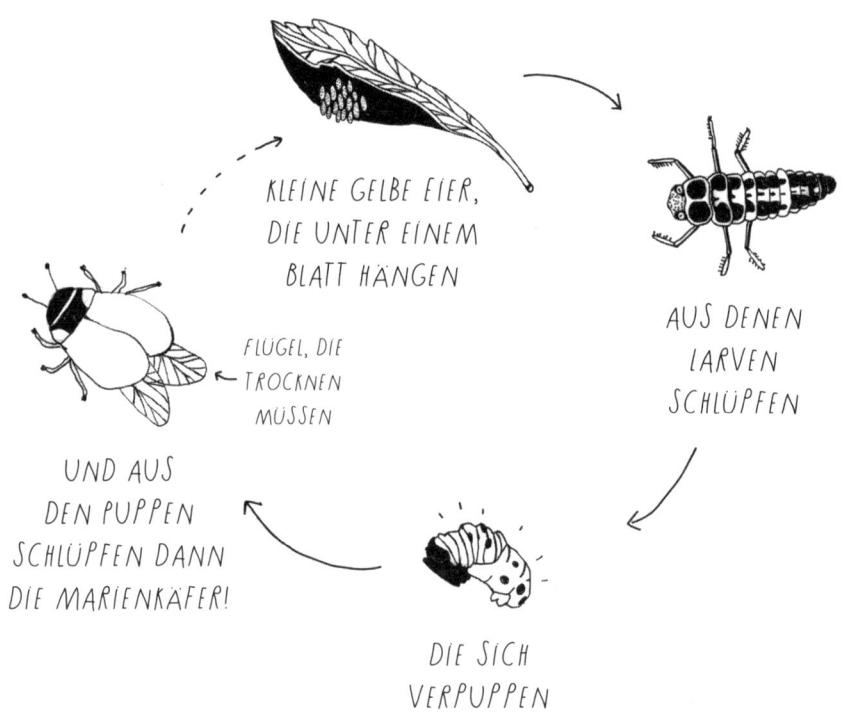

KLEINE GELBE EIER,
DIE UNTER EINEM
BLATT HÄNGEN

AUS DENEN
LARVEN
SCHLÜPFEN

FLÜGEL, DIE
TROCKNEN
MÜSSEN

UND AUS
DEN PUPPEN
SCHLÜPFEN DANN
DIE MARIENKÄFER!

DIE SICH
VERPUPPEN

DIREKT NACH DEM SCHLÜPFEN IST DER
MARIENKÄFER FEUCHT UND HELL GEFÄRBT. SOBALD
DIE FLÜGELDECKE NACH EIN PAAR STUNDEN
TROCKEN UND AUSGEHÄRTET IST, TAUCHEN DIE
INTENSIVERE FARBE UND DAS MUSTER AUF.

ES GIBT TAUSENDE VON
MARIENKÄFERARTEN, DIE ALLE
UNTERSCHIEDLICH GEMUSTERT SIND.

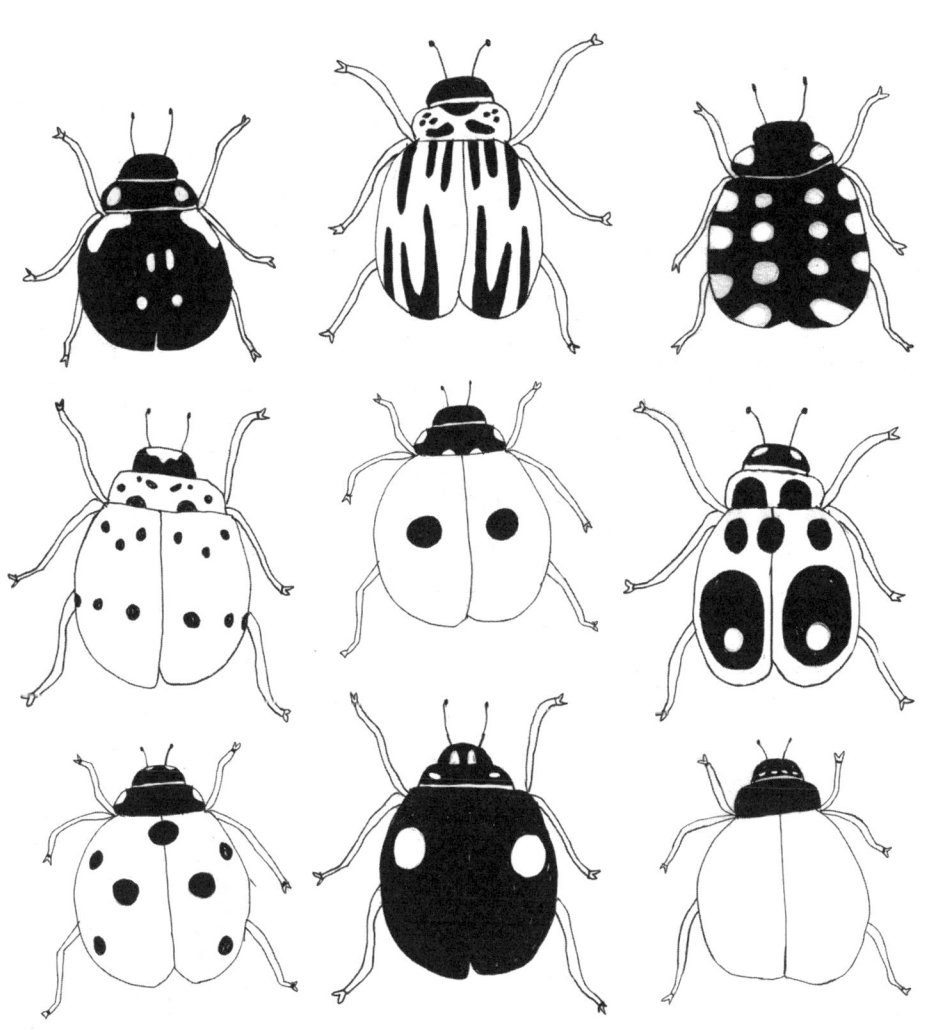

EINIGE HABEN NICHT MAL PUNKTE!

WENN EIN **KANINCHEN**WEIBCHEN TRÄCHTIG IST, POLSTERT ES DAS NEST MIT SEINEM EIGENEN FELL AUS, DAMIT ES WEICH UND WARM IST.

WENN SIE DIE JUNGEN ZUR WELT GEBRACHT HAT, GEHT DIE MUTTER FORT UND BESUCHT SIE SO SELTEN WIE MÖGLICH, UM NICHT DIE AUFMERKSAMKEIT VON RAUBTIEREN AUF SIE ZU LENKEN.

BEVOR EIN
WOLFSSPINNEN WEIBCHEN
EIER LEGT, SPINNT SIE EINEN KOKON
AUS SEIDE, IN DEM SIE DIE EIER
MIT SICH HERUMTRÄGT, BIS DER
NACHWUCHS SCHLÜPFT!

EIKOKON

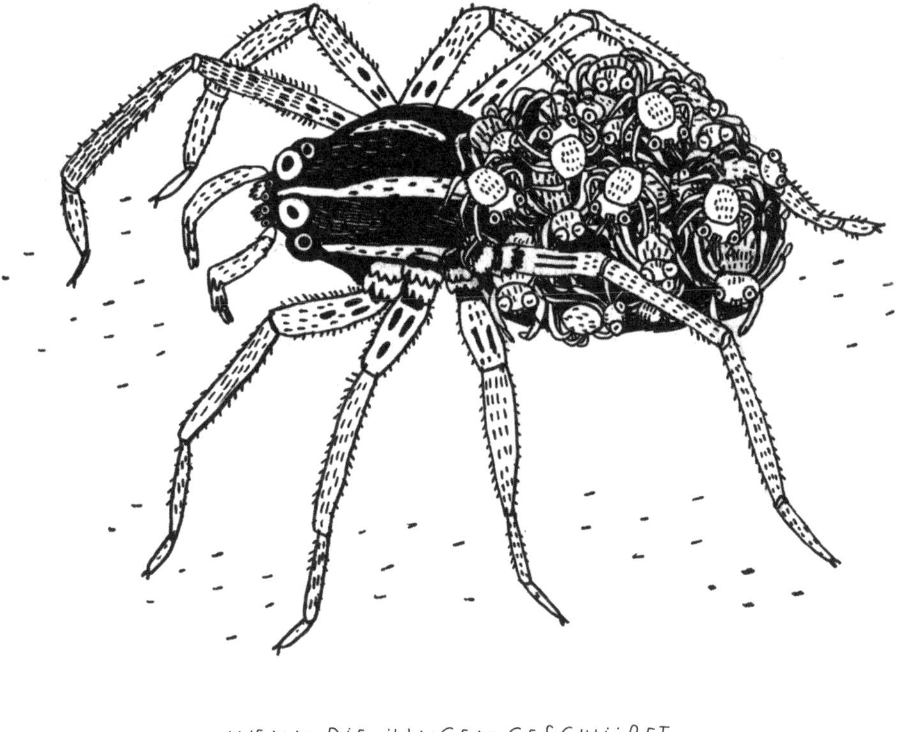

WENN DIE JUNGEN GESCHLÜPFT
SIND, TRÄGT SIE SIE AUF DEM
RÜCKEN MIT SICH!

SIND DIE JUNGEN SPINNEN
GROß GENUG, UM DIE MUTTER
ZU VERLASSEN, KLETTERN SIE
ENTWEDER EINFACH AUF DEN
BODEN ...

... ODER SIE MACHEN AN EINEM
SEIDENFADEN EINEN WEITEN
SPRUNG UND LASSEN SICH
VOM WIND DAVONTRAGEN!

WENN GEPARDENJUNGEN
GROSS GENUG SIND, UM
IHRE MUTTER ZU VERLASSEN,
BILDEN SIE IHRE EIGENEN
GESCHWISTERGRUPPEN!

SOBALD SIE SO WEIT SIND, EIGENEN NACHWUCHS ZU BEKOMMEN, SEPARIEREN SICH DIE WEIBCHEN VON DER GRUPPE UND LEBEN ALLEIN, DOCH DIE BRÜDER BLEIBEN OFT IHR GANZES LEBEN LANG IM VERBAND ZUSAMMEN!

WENN EIN **PFEILGIFTFRÖSCHE** PAAR
NACHWUCHS ERWARTET, HAT DER VATER DIE
AUFGABE, DEN INHALT SEINER BLASE ÜBER DEN
EIERN ZU ENTLEEREN, UM SIE FEUCHT ZU HALTEN.

SOBALD DIE KAULQUAPPEN GESCHLÜPFT SIND,
BRINGEN DIE ELTERN SIE EINZELN ZU EINEM
WASSERTROPFEN.

DIE MUTTER BESUCHT IHRE JUNGEN UND
FÜTTERT SIE MIT UNBEFRUCHTETEN EIERN,
BIS SIE EIN STÜCK GEWACHSEN SIND.

ERWACHSENE
PFEILGIFTFRÖSCHE
SIND KAUM
GRÖSSER ALS EIN
FINGERNAGEL.

LÄMMER
WACKELN BEIM
SÄUGEN MIT
DEM SCHWANZ!

MÄH.

DAS LEBEN DER
EUROPÄISCHEN AALE
WAR LANGE ZEIT EIN RÄTSEL.

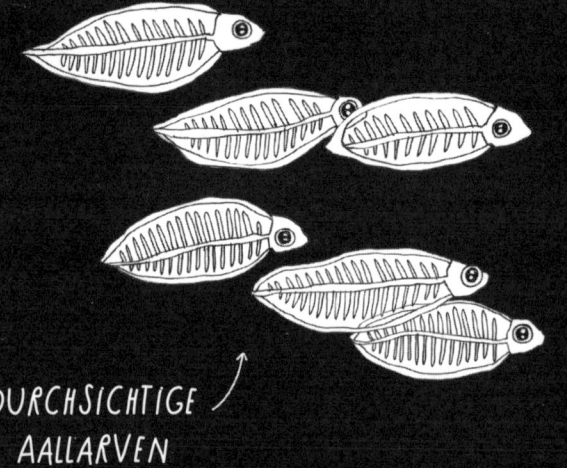

SIE SCHLÜPFEN IN DER
SARGASSOSEE UND
LASSEN SICH VOM
GOLFSTROM NACH
EUROPA TRAGEN.

DURCHSICHTIGE
AALLARVEN

5000 KILOMETER
KOSTENLOSER TRANSPORT
(EINFACHE FAHRT)

JE NÄHER SIE DER KÜSTE
KOMMEN, DESTO RUNDER
WERDEN IHRE KÖRPER.

DANN NENNT
MAN SIE
»GLASAALE«.

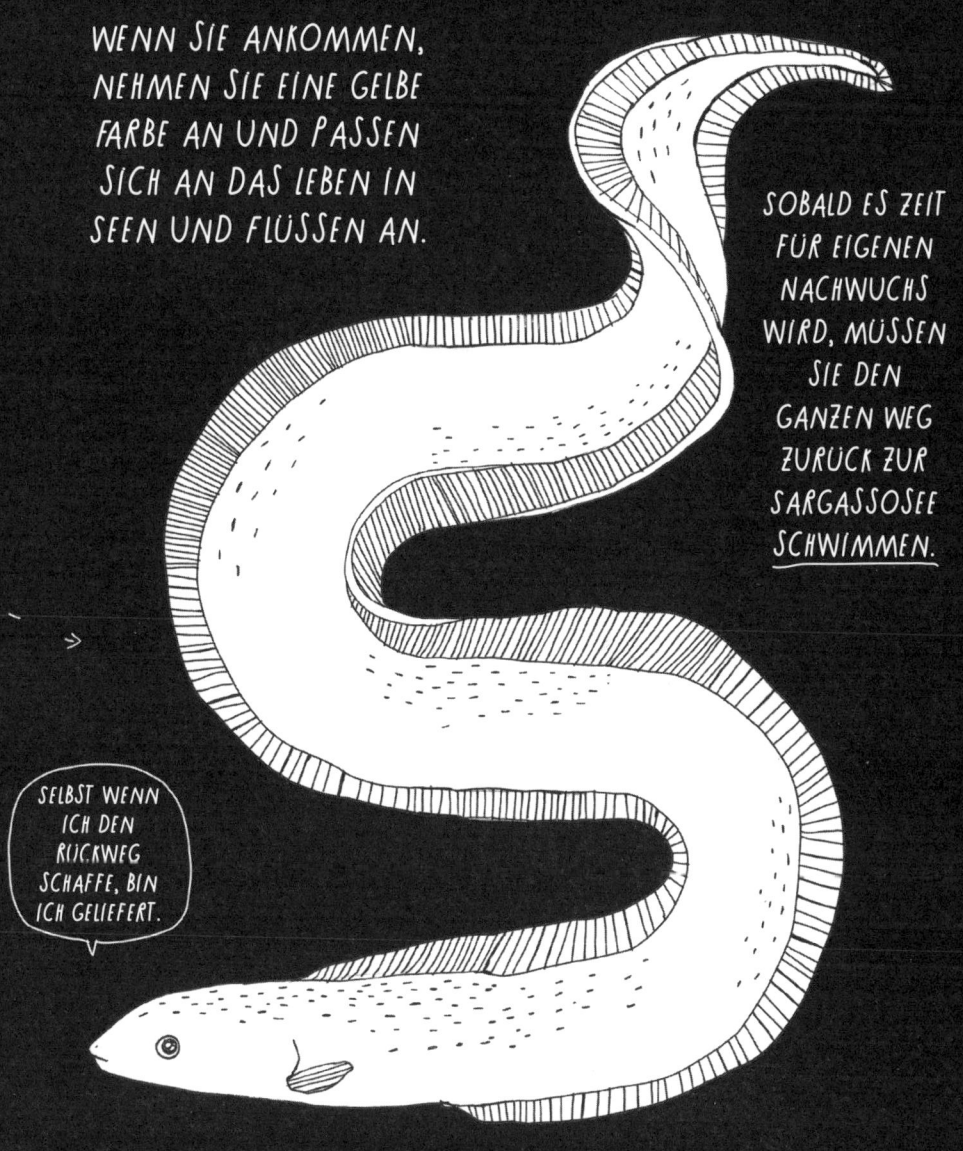

BEI DEN

ERDMÄNNCHEN

DARF NUR DAS
DOMINANTE WEIBCHEN
DER GRUPPE NACHWUCHS
BEKOMMEN.

DOCH ALLE KÜMMERN
SICH ZUSAMMEN UM
DIE JUNGEN UND
BRINGEN IHNEN WICHTIGE
ERDMÄNNCHEN-
FERTIGKEITEN BEI, ZUM
BEISPIEL, WIE MAN WACHE
HÄLT, OHNE EINZUSCHLAFEN.

OKAY, KLEINER BRUDER.

DAS WICHTIGSTE
IST JETZT, WACH
ZU BLEIBEN.

ZU SPÄT.

DIE MUTTER KANN IHRE JUNGEN IM STEHEN SÄUGEN.

DIE ANDEREN WEIBCHEN IN DER GRUPPE HELFEN BEI DER AUFZUCHT DES NACHWUCHSES, AUCH WENN SIE KEINE EIGENEN JUNGEN HABEN.

BABY**BISONS** WERDEN WEGEN
IHRES ROTGOLDENEN FELLS »RED DOGS«
(ROTE HUNDE) GENANNT.

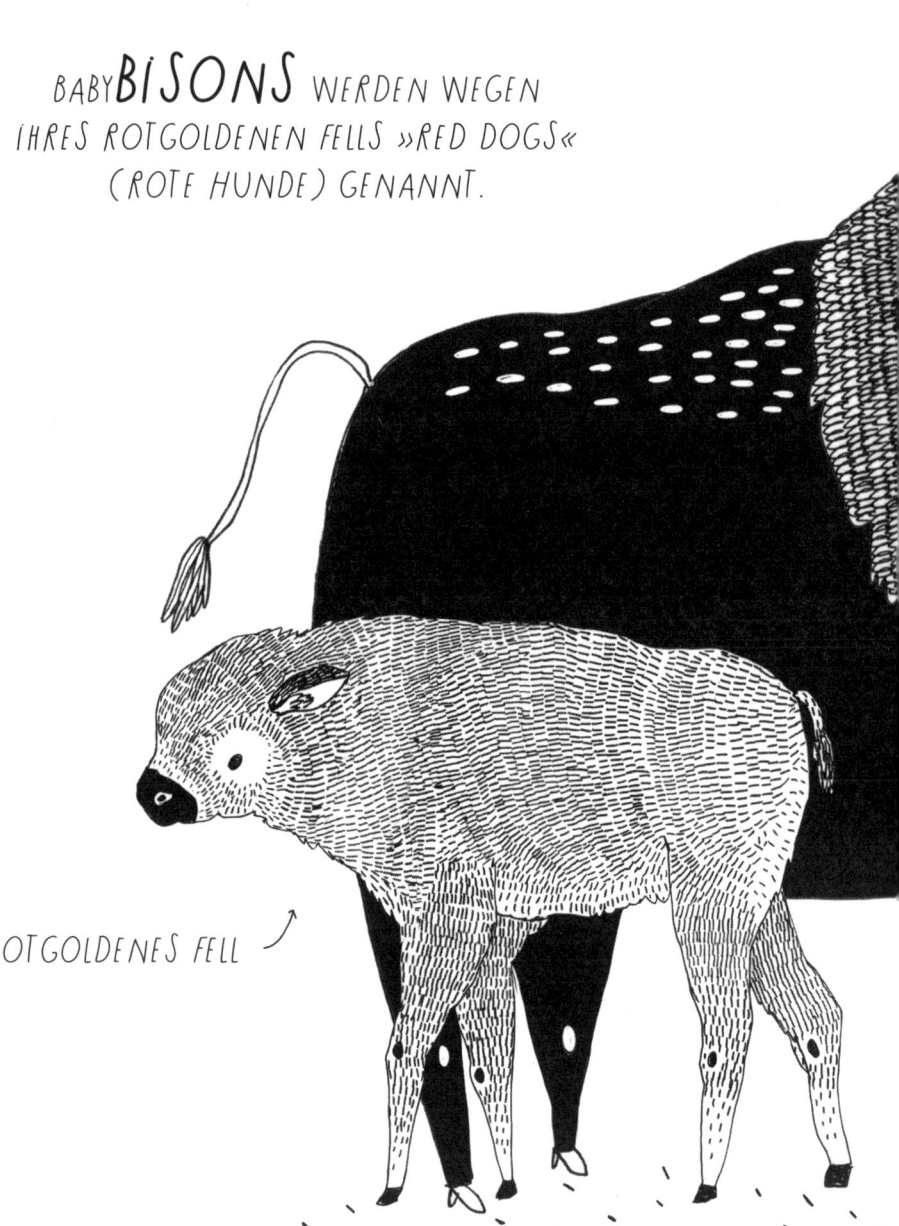

ROTGOLDENES FELL ↗

IM ALTER VON
EIN PAAR
MONATEN
FÄRBT SICH IHR
FELL BRAUN.

HÜHNERARTIGE VÖGEL,
DIE IN SEHR TROCKENEN
GEBIETEN IHRE NESTER
AM BODEN BAUEN

UM IHRE KÜKEN MIT FLÜSSIGKEIT
ZU VERSORGEN, FLIEGEN
FLUGHUHNVÄTER ZUM
WASSER, TAUCHEN KURZ EIN UND
FLIEGEN WIEDER ZURÜCK.

SIE HABEN AM BAUCH BESONDERE,
HAARÄHNLICHE FEDERN, DIE DAS
WASSER AUFSAUGEN, DAS DER
NACHWUCHS DANN AUS DEM
GEFIEDER SAUGEN KANN.

WASSER

IN MANCHEN **ORCA**FAMILIEN BLEIBEN DIE KINDER IHR GANZES LEBEN LANG BEI IHREN MÜTTERN.

WO MEINE GROßMUTTER IST, DA BIN ICH DAHEIM.

MUTTER ↗

TANTE ↓

GROSSMUTTER

ORCAWEIBCHEN
KÖNNEN NOCH
SEHR LANGE
LEBEN, WENN SIE
SCHON ZU ALT
GEWORDEN SIND,
UM NACHWUCHS
ZU GEBÄREN.

DIE ÜBERLEBENSCHANCE EINES
ORCAJUNGEN IST GRÖSSER,
WENN SEINE GROSSMUTTER
IN DER NÄHE IST.

ONKEL

UM IHRE EIER VOR RÄUBERN
ZU SCHÜTZEN, NISTEN

WEIßWANGENGÄNSE

AN HOHEN KLIPPEN.

BEVOR DIE KÜKEN FLIEGEN LERNEN,
MÜSSEN SIE SICH AUS DEM NEST
STÜRZEN, UM HINUNTER ZU IHREN
ELTERN ZU GELANGEN.

400 METER
HINAB
↓

BRAUNBÄREN MÄNNCHEN SIND DARAUF AUS, ALLE JUNGEN, DIE NICHT IHRE EIGENEN SIND, ZU TÖTEN. DESWEGEN PAAREN SICH DIE WEIBCHEN OFT MIT MEHREREN MÄNNCHEN: JEDER SOLL DENKEN, ER WÄRE DER VATER DES NACHWUCHSES.

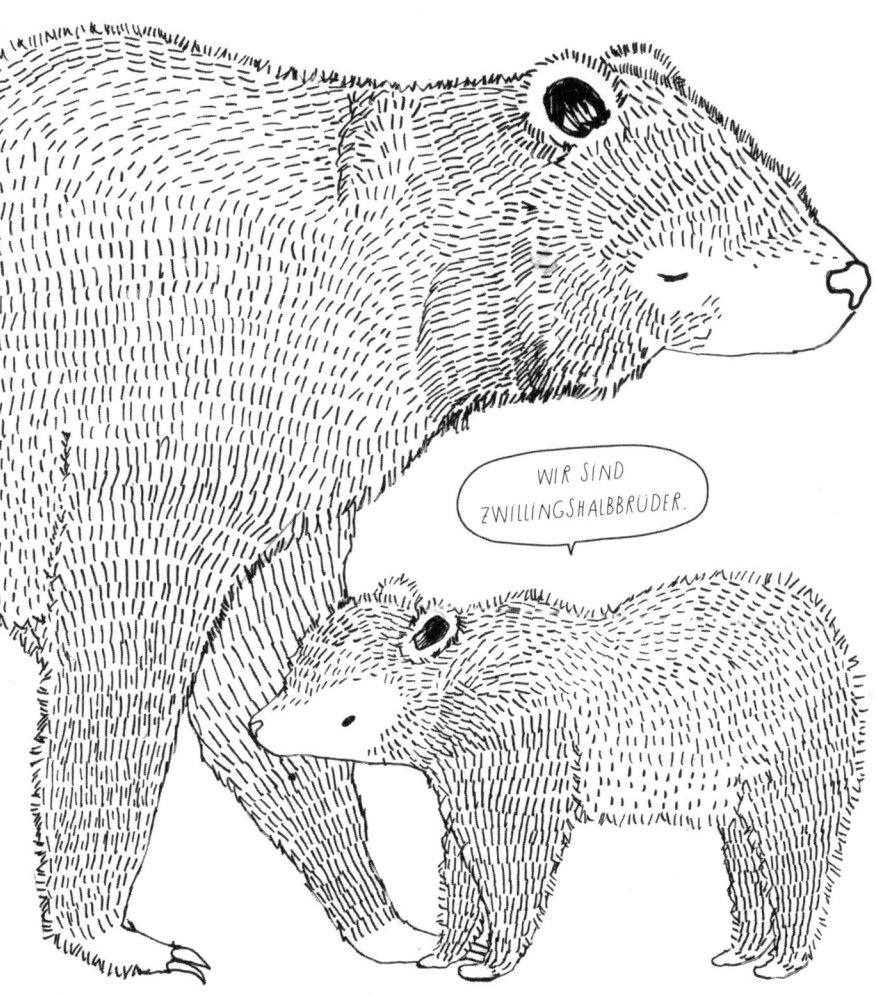

DIE MILCH VON
KEGELROBBEN
IST GEHALTVOLLER ALS
SAHNE, SODASS DIE
JUNGEN KEGELROBBEN,
SOLANGE SIE GESÄUGT
WERDEN, AM TAG BIS ZU
ZWEI KILO ZUNEHMEN!

NACH DREI WOCHEN ZUSAMMEN
MIT IHREM JUNGEN PAART SICH DAS
SEGELROBBENWEIBCHEN ERNEUT. AB DA MUSS
DAS JUNGE ALLEIN ZURECHTKOMMEN.

ES DAUERT ETWA NEUN MONATE,
BIS DAS NÄCHSTE JUNGE IN IHREM
BAUCH HERANGEWACHSEN IST.

PÜNKTLICH
WIE
IMMER.

DOCH KEGELROBBEN
BEKOMMEN IHREN
NACHWUCHS GERN JAHR
FÜR JAHR ZUR SELBEN
ZEIT. SIE KÖNNEN
DIE TRÄCHTIGKEIT UM
MEHRERE MONATE
AUFSCHIEBEN, UM DEN
ZEITPLAN ZU ERFÜLLEN!

NACKTMULLE LEBEN IN UNTERIRDISCHEN KOLONIEN. DIE GÄNGE EINER EINZELNEN KOLONIE KÖNNEN MEHRERE KILOMETER LANG SEIN (UND SIE GRABEN SIE MIT DEN ZÄHNEN!).

MEIN KACKA ENTHÄLT SOWOHL NAHRUNG ALS AUCH MUTTERLIEBE!

DIE KÖNIGIN IST DER CHEF. SIE IST AUCH DIE MUTTER ALLER BABYS, DIE IN DER KOLONIE GEBOREN WERDEN.

ALLE ANDEREN ERWACHSENEN
TIERE SIND IHRE ARBEITERINNEN
UND ARBEITER.

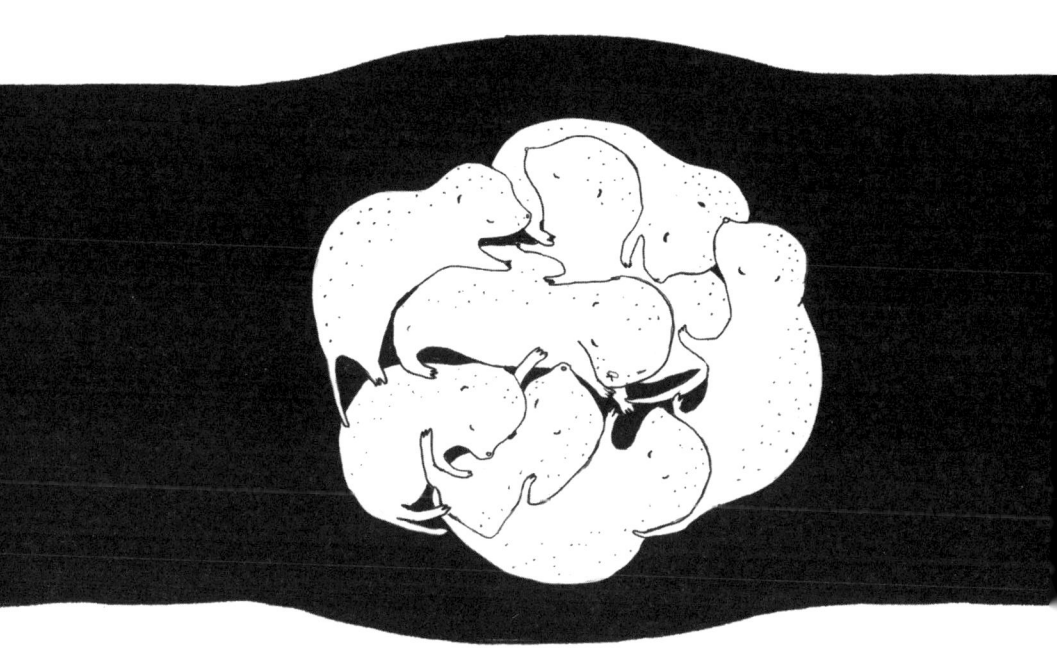

TIERE, DIE DEN KOT DER
KÖNIGIN FRESSEN, KÜMMERN
SICH BEREITWILLIGER UM
IHREN NACHWUCHS!

ETWA EIN VIERTEL ALLER
TRAUERSCHWAN PAARE
SIND HOMOSEXUELL!

UM EIGENEN NACHWUCHS
ZU BEKOMMEN, PAAREN
SICH MÄNNLICHE PAARE
VORÜBERGEHEND MIT EINEM
WEIBCHEN UND ZIEHEN DIE KÜKEN
DANN OHNE DIESES AUF.

VATER 1

TENREKS
SIND IGELÄHNLICHE TIERE, DIE AUF MADAGASKAR LEBEN UND IN EINEM WURF BIS ZU 32 JUNGE BEKOMMEN KÖNNEN.

UM ALLE JUNGEN ZU SÄUGEN, KÖNNEN TENREKWEIBCHEN BIS ZU 29 ZITZEN HABEN!

EINE FÜR JEDES JUNGE ... UNGEFÄHR.

TENREKS HABEN EIN SCHLECHTES SEHVERMÖGEN. WENN SIE SICH GEGENSEITIG NICHT VERLIEREN WOLLEN, SCHLEIFEN SIE MANCHMAL MIT DEM BAUCH ÜBER DEN BODEN UND HINTERLASSEN EINE DUFTSPUR.

32 JUNGE, DAS SIND SO VIELE:

TENREKS KOMMUNIZIEREN MITEINANDER, INDEM SIE
IHRE STACHELN ANEINANDERREIBEN ...

... UM VERSCHIEDENE RASSELNDE
GERÄUSCHE ZU ERZEUGEN.

SOWOHL DIE MUTTER
ALS AUCH DER VATER

FLAMINGO ELTERN
FÜTTERN IHRE KÜKEN MIT
EINER (ROTEN!) MILCH
AUS IHREN SCHNÄBELN.

DURCH DIE MILCH
VERÄNDERT SICH DAS
DAUNENKLEID VON
GRAUWEIß ZU ROSA!

SEHR ... GES

DAS WEIBCHEN DER
PAZIFISCHEN RIESENKRAKE
LEGT NUR EINMAL IM LEBEN EIER. SIE SUCHT SICH EINE
HÖHLE UND HÄNGT DIE EIER AN DIE DECKE. DANN BLEIBT
SIE ÜBER MONATE (MANCHMAL SOGAR ÜBER JAHRE)
BEI DEN EIERN.

OHNE ZU
FRESSEN.

IN DIESER ZEIT WEDELT SIE
UNABLÄSSIG MIT DEN ARMEN, UM
DIE VERSORGUNG DER EIER MIT
FRISCHWASSER SICHERZUSTELLEN.

DIE FRISCH
GESCHLÜPFTEN KRAKEN
SEHEN AUS WIE
MINIATURVERSIONEN
IHRER ELTERN. SIE HABEN
SOGAR SAUGNÄPFE AN
DEN ARMEN.

WENN DIE KRAKEN SCHLÜPFEN,
PUSTET DIE MUTTER IHREN
NACHWUCHS MIT LETZTER KRAFT
AUS DER HÖHLE IN DEN WEITEN
OZEAN. DANN STIRBT SIE.

PANGOLINE
TRAGEN IHREN
NACHWUCHS AUF
DEM SCHWANZ!

UND SIE SCHÜTZEN IHRE
JUNGEN BEI GEFAHR, INDEM
SIE SICH UM SIE HERUM
EINROLLEN WIE EINE KUGEL!

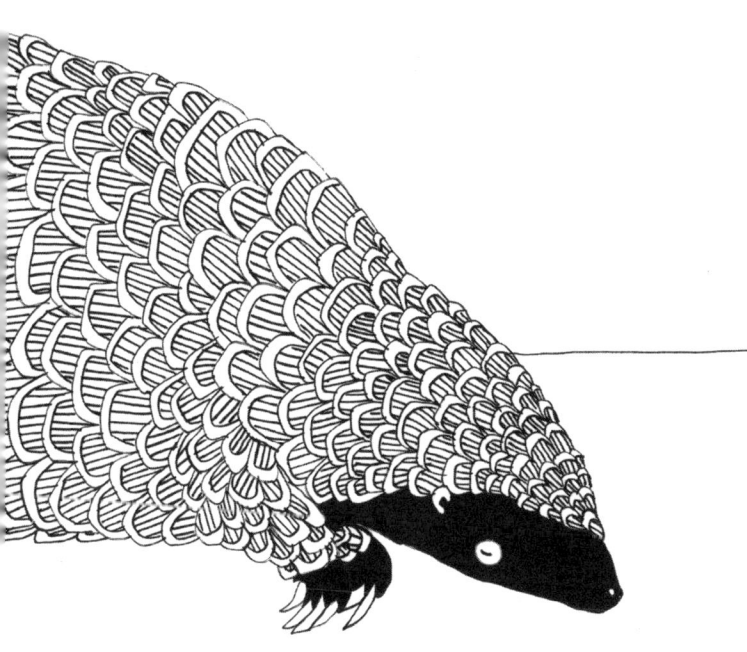

GESPENSTSCHRECKEN

KÖNNEN OHNE MÄNNCHEN EIER
LEGEN UND NACHWUCHS BEKOMMEN.
(AUS DIESEN EIERN SCHLÜPFEN
IMMER WEIBCHEN.)

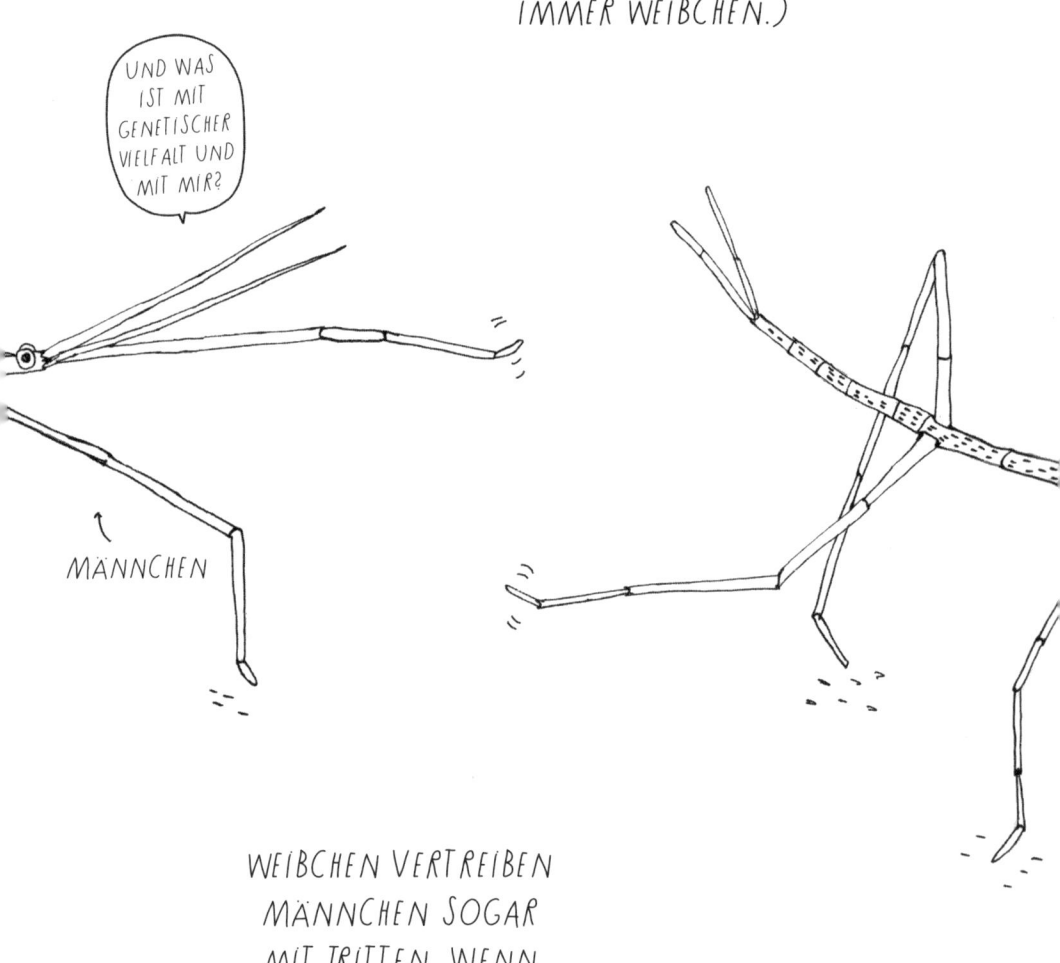

MÄNNCHEN

WEIBCHEN VERTREIBEN
MÄNNCHEN SOGAR
MIT TRITTEN, WENN
DIESE SICH NÄHERN.

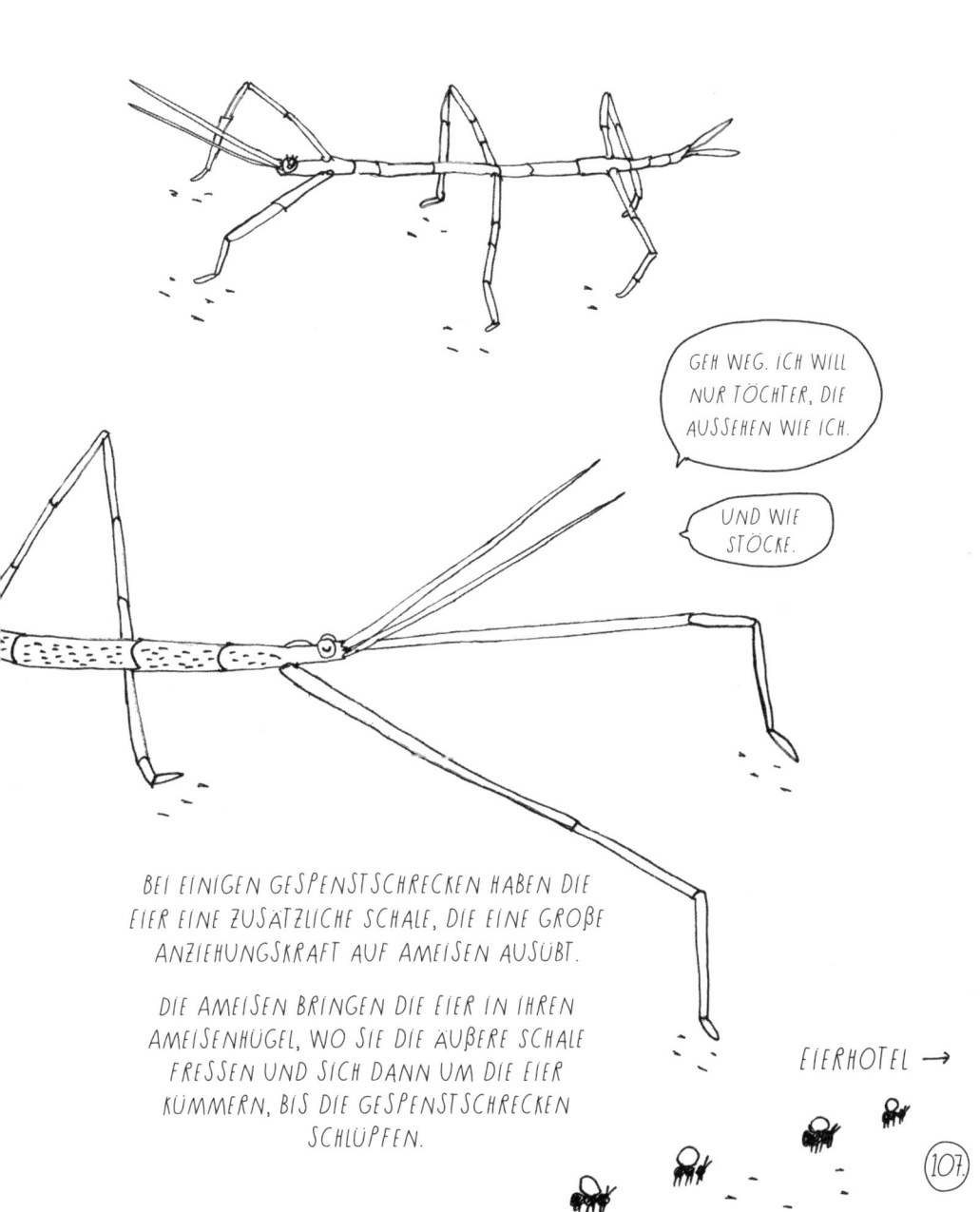

BEI EINIGEN GESPENSTSCHRECKEN HABEN DIE
EIER EINE ZUSÄTZLICHE SCHALE, DIE EINE GROßE
ANZIEHUNGSKRAFT AUF AMEISEN AUSÜBT.

DIE AMEISEN BRINGEN DIE EIER IN IHREN
AMEISENHÜGEL, WO SIE DIE ÄUßERE SCHALE
FRESSEN UND SICH DANN UM DIE EIER
KÜMMERN, BIS DIE GESPENSTSCHRECKEN
SCHLÜPFEN.

EIERHOTEL →

GIRAFFEN GEBÄREN IHRE JUNGEN IM STEHEN. IHR ERDENDASEIN BEGINNT ALSO DAMIT, DASS SIE ZWEI METER ZU BODEN PLUMPSEN.

SIE SCHEINEN GUT DAMIT KLARZUKOMMEN, DENN INNERHALB VON EINER HALBEN STUNDE MÜSSEN SIE AUF EIGENEN BEINEN STEHEN UND MIT DER GRUPPE WEITERZIEHEN.

WENN EINE JUNGGIRAFFE SICH AUSRUHEN MUSS, BETTET SIE DEN KOPF AUF DEN PO!

2 METER

GIRAFFEN ERBEN
IHR MUSTER VON
IHREN MÜTTERN.

DANKE

DANIEL, ESTRID & WILLE, IHR BEDEUTET MIR ALLES!

JESSIKA & ANNA, IHR SEID DIE BESTEN FREUNDINNEN, DIE EINE FRAU SICH WÜNSCHEN KANN.

SANNA DAFÜR, DASS SIE MICH UNABLÄSSIG ZU EINEM BESSEREN MENSCHEN MACHT.

FELICITAS DAFÜR, DASS SIE VOLLER LIEBE UND ENERGIE IST!

KAITLIN & EMMA: ICH BIN UNENDLICH DANKBAR, MIT EUCH ZUSAMMEN-ZUARBEITEN!

DIDRIK, FÜR INSPIRIERENDE GESPRÄCHE!

LOVISA, WEIL SIE IMMER DAFÜR SORGT, DASS ICH MICH TOLL FÜHLE.

STELLA, ALBERT, MAMMA & PAPPA, ICH LIEBE EUCH!

TINI FÜR DEINE TOLLEN IDEEN!

JULIA & ADAM DAFÜR, DASS SIE MIR DABEI DIE HAND HALTEN!

MARIE & HANNA FÜR EURE GEDULD UND NICHT NACHLASSENDE UNTERSTÜTZUNG.

MARTIN EMTENÄS DAFÜR, DASS DU DIR DIE ZEIT NIMMST, DEINE GEDANKEN UND DEIN WISSEN MIT MIR ZU TEILEN.

LOU-AVEN FÜR ALL DEINE HILFE.

MAJA SÄFSTRÖM LEBT ALS ILLUSTRATORIN UND
AUTORIN IN STOCKHOLM UND HAT SICH MIT IHREN
SKURRILEN TIERZEICHNUNGEN UND BÜCHERN EINEN
INTERNATIONALEN RUF ERWORBEN. WER MEHR
ÜBER IHRE ARBEIT WISSEN WILL, KANN SIE AUF
WWW.MAJASBOK.COM BESUCHEN.

MAJA
SÄFSTRÖM
(UND IHRE JUNGEN)

ESTRID

WILLE

Die amerikanische Originalausgabe erschien 2019 unter
dem Titel *Amazing Facts About Baby Animals: An
Illustrated Compendium* bei Ten Speed Press, New York.

FSC
www.fsc.org

MIX
Papier aus verantwor-
tungsvollen Quellen
FSC® C083411

Penguin Random House Verlagsgruppe FSC® N001967

1. Auflage 2020
by Penguin Verlag, in der
Penguin Random House Verlagsgruppe GmbH,
Neumarkter Straße 28, 81673 München
This translation is published by arrangement with Ten
Speed Press, an imprint of the Crown Publishing Group, a
division of Penguin Random House LLC.
Umschlaggestaltung: Bürosüd unter Verwendung von
Illustrationen von Maja Säfström
Satz: MR
Druck und Bindung: CPI books GmbH, Leck
Printed in the Czech Republic
ISBN 978-3-328-10572-5
www.penguin-verlag.de

Dieses Buch ist auch als E-Book erhältlich.

MAJA
SÄFSTRÖM

PINGUINE KUSCHELN GERN

Aus dem Englischen
von Elvira Willems

EICHHÖRNCHEN
HABEN MILCHZÄHNE
UND KAMELKINDER
KEINE HÖCKER

VERBLÜFFENDES
ÜBER TIERBABYS

 PENGUIN VERLAG